이름 없이
살다 가도
행복한
들꽃의 고독을
　　　　배우고
　　　　　싶다

 **책머리**

사람은 죽어 이름을 남긴다 했던가?
나는 죽어 이름을 남길만한 위인이 못되고
죽은 뒤의 명예 따위엔 관심도 없다
삶도 제대로 못살아 허덕이는 내 주제를
잘 알기 때문이다.

호젓이 산길을 거닐다 만나는
이름 없는 한송이 들꽃은
아무도 보아주지 않아도 아름답게 피고
아무도 지켜주지 않아도 행복하게 살고
아무도 살펴주지 않아도 편안하게 진다.

아, 이름조차 없으되
지상의 가장 아름다운 꽃이여!
아, 이름조차 없으되
하늘의 가장 아름다운 별처럼
나도 꽃처럼 별처럼 살아봤으면!

2007년 11월
묵 연

차 례

한송이 꽃_ 4
꽃잎처럼 사소서_ 5
이름 없이 살다 가도 행복한
들꽃의 고독을 배우고 싶다_ 6
아름답게 하는 것_ 8
춤과 노래_ 9
있는 듯 없어라_ 10
누군가 울고 있다_ 11
짧은 인생_ 12
무엇을 위하여?_ 13
허공_ 14
고향_ 15
순간 속으로_ 16
의미 있는 파괴_ 17
아니다_ 18

가을아, 잘 가렴_ 19
모든 만남은 헤어짐이니_ 20
헤어져도 좋은 사이_ 21
이해_ 22
사랑은 욕심이 아닙니다_ 23
1·2·3_ 24
사랑과 집착_ 25
진정 행복한 것_ 26
함께 한다는 것은_ 27
삶의 조명이 다 꺼지기 전에_ 28
별_ 29
거목_ 30
확신_ 32
잔치_ 33

한송이 꽃

인생은 한송이 꽃과 같아서

그 꽃이 피어날때 향기가 퍼지고

그 꽃이 시들때 씨앗이 퍼진다

우리들에겐 어떤 향기와

그 향기를 거듭 퍼뜨릴 씨앗이 주어졌을까?

꽃잎처럼 사소서

하룻만에
떨어져 내릴지라도
꽃잎처럼 사소서

너무나 연약하지만
그보다 더 아름다울 수 없는
꽃잎처럼 사소서

우리가 죽는 날
그 영혼이 향기로울 수 있게
꽃잎처럼 사소서

땅 속에 눕는 것이
대지에 떨어지는 꽃잎처럼 편안하도록
욕심없이 사소서

이름없이 살다 가도 행복한 들꽃의 고독을 배우고 싶다

들꽃은
누군가의 손에 꺾이지 않을 때 행복하다
인간은
누군가의 손길에 인도될 때 행복하다

인간은 서로의 이름을 부를 때
사랑의 꽃을 피우고
들꽃은 이름 없이 살다가 갈 때
씨를 흘린다

인간은
사랑하면서도 고독이라는 병을 앓지만
들꽃은
고독하면서도 대자연의 사랑 속에서 산다

인간은
일생을 외로움에 시달리지만
들꽃은
제철 서늘한 바람을 즐긴다

인간은
들꽃의 고독을 모르고
들꽃은
인간의 슬픔을 모른다

들꽃은
스스로의 행복조차 모르고
인간은
스스로 불행을 한탄한다

들꽃의 고독을 배우고 싶다
누군가의 손에 꺾이지 않을 때 씨를 흘리며
이름없이 살다 가도 행복한
들꽃의 고독을 배우고 싶다

아름답게 하는 것

사랑을 아름답게 하는 것은
이별입니다

진실을 아름답게 하는 것은
눈물입니다

당신을 아름답게 하는 것은
그리움이고

추억을 아름답게 하는 것은
외로움이며

인생을 아름답게 하는 것은
열정입니다

아름답지 아니한 것은 없습니다
우리는 언제나 방황하고 있고

우리의 방황은
사치가 아닌 까닭입니다

춤과 노래

노래는 마음의 춤
춤은 육신의 노래
춤과 노래는 몸과 마음의 기쁨
인생은
한방울의 술도 필요 없나니
독한 술은
춤추지 못하고 노래 부르지 못하는
굳은 몸과 마음을 달래는 것

뜨고 지는 해를 바라보듯
삶을 아름답게 바라다 보라
한방울의 술도 필요 없이
인생을 춤추고 노래 부르게 되리니
삶은 너무나도 기쁜 것이며
근심조차 춤이 되고
아픔조차 노래 되리라

있는 듯 없어라

또 다시 깊은 밤
죽은 듯한 적막이 감도네
살아 있다는 것은
진정 무슨 의미란 말인가!

영원의 시간 속에서
하찮은 육신이 나고 죽으며
헤매는 마음이 웃고 울다가
무한한 공간 속에서
흔적도 없이 분해 되나니
삶의 모든 것
물 위의 거품처럼 있는 듯 없어라

밤 깊어
무거운 적막이 세상을 삼키면
삶의 허무함을 절실히 생각하네
조용히 살다 죽기를 간절히 염원하네

누군가 울고 있다

텅 빈 가슴 속에서
누군가 울고 있다

나는
그가 누군지 알지만

그를
나는 달래지 못한다

그러나 그를 위하여
나는

항상
가슴을 쓰다듬는다

지금도
가엾은 그는 울고 있고

나는
나를 쓰다듬는다

짧은 인생

수많은 사람
수많은 만남
수많은 얘기

혼자만의 시간은 지루하고 고통스러워
혼자임을 잊기 위하여
누군가와 만나고 떠들며 시간을 죽인다

왜 모를까?
우리네 인생은 시간을 죽여야 할만큼
결코 길지 않다는 것을

무엇을 위하여?

사람의 삶이란 참 짧은 것이다
우리들이 알고 있는 소위 위대하다는 이들을 보라
그들의 업적을 보라
그들의 영광을 보라
그것은 단지 몇줄의 기록에 지나지 않는다

사람의 삶이란 참 허무한 것이다
온갖 맛을 다 보고 살지만
결국 아무 맛도 입가엔 남지가 않는다

사람의 삶이란 참 우스운 것이다
금방 웃다가 또 금방 울게 되고
사랑하다가 미워하게 되고
아침엔 멀쩡하다가 오후엔 송장이 된다

황제라고 해도 사람이다
무엇을 위하여 삶을 던질 것인가!

허 공

말은 공허하며
시끄럽고 사치스러운 것

허공을 쌀 수 있는 비단이
있을 수 있는가?

그 어떤 비단이
허공을 감쌀 수 있단 말인가?

진리의 허공은
어떤 언어의 비단에도 포장되지 않는다

고 향

결가부좌 곧게 하고 숨 죽이면
마음도 죽는다
그렇게 망상의 먼지가 가라앉으면
침묵의 고요가 있다

일생을
아무리 요란하게 살아도
결국은
그 곳으로 가야 하는 것

아, 마음의
고향을 잃고 헤매는 인간이여!
어찌하여
한 순간도 쉬지를 못하는가?

바람은 쉼이 없건만 저리도 無心한데

순간 속으로

나는
순간을 신처럼 섬긴다

삶은
급히 사라지고 있기 때문이다

누가
내일 아침의 해를 꼭 본다고 말 할 수 있나

항상
순간 속으로 몰입하는 것 말고

달리
해야 할 아무것도 없어라

의미 있는 파괴

낡은 집은 허물어야 한다
거기 주저함은 있을 수 없다

새 집은 지어야 한다
거기 망설임은 있을 수 없다

어떤 용기가 있어야 낡은 집을 허무는가?
어떤 지혜가 있어야 새 집을 짓는가?

무모한 용기가 있어야 하고
섬세한 지혜가 있어야 하리

일단은 부수고 보라
집 짓지 않을 수 없도록

완전히 박살을 내라
의미 있는 파괴는 아름다운 창조가 되리라

아니다

나의 체온을 느낄 수 없을만큼 따뜻한 방이라면
건 내방이 아니다

삶의 허무를 느낄 수 없을만큼 멍청한 마음은
내 맘이 아니다

그의 아픔을 몰라라 할만큼 이기적인 마음은
本心이 아니다

나는 나를 느끼고 싶다
삶을 고뇌하며 사랑하고 싶다

가을아, 잘 가렴

쓸쓸한 가을이 지나면 고독한 겨울이 온다네
낙엽 쌓인 위로 눈이 내려 쌓이면
마음도 하얗게 된다네
인생은 봄꽃의 화사함과 향기가 있고
여름의 무성한 짙푸름이 있지만
詩처럼 가을이 오고
전설처럼 겨울이 오면
마음은 앙상한 가지처럼 남겨진다네
용천사 마당엔 낙엽이 수북수북 쌓이고
마지막 가을이 조용히 떠나가려 하는데
아직 추운 겨울을 준비하지 못한 내 마음은
낙엽을 태우기 싫어라
허허, 다 쓸데없는 생각들
가을아, 잘 가렴
너 가버린 뒤에 눈발 날리면 나도 눈이 되어서
허공을 날아보리라
인생은 원래 고독한 것
무엇을 더 고뇌하리
눈 내리면 눈처럼 날리면 될 것을
하얗게 하얗게 새하얗게

모든 만남은 헤어짐이니

이별이 온다면
기꺼이 받아들입시다

이별은 무엇입니까?
만남의 결과입니다

만남은 무엇입니까?
이별의 시초입니다

이별을 운다면
만남의 사연도 슬퍼지리니

만남의 의미를 아름답게 하려거든
이별을 너무 아쉬워 맙시다

이별이 온다면 우리에겐
좋은 만남이 있었다는 증표가 아닙니까?

모든 만남은 헤어짐이니
슬프게 헤어지지 맙시다

우리 만남이 기뻐서
슬프지 않았던 거처럼

헤어져도 좋은 사이

헤어지기가 싫은
헤어져도 좋은
그대와 나는
그런 사이가 됩시다

헤어지기 싫다면 혼자이기 싫다면
진정으로 그러할수록
참으로 혼자여야 합니다
세상의 이별은 필연이기 때문입니다

모든 인연은 반드시 흩어지는 것
그것은 하늘의 이치입니다
빛과 어둠, 기쁨과 슬픔, 영원과 허무는 하나
그 하나의 반쪽만을 택할 수는 없습니다

우리는
헤어지기가 싫은
헤어져도 좋은
그런 사이가 됩시다

이 해

사랑을 알기 전에는
타인에 대하여 오해를 멈추지 못한다
이해가 자라 사랑이 성숙하기 전에는
다투지 않는 사람이 없고
힘겹지 않은 인연도 없다

이해란
타인에 대한 자신의 요구가
자신을 혼란스럽게 한다는 것을 아는 것이다

사랑한다면
사랑한다는 이유로
자신의 욕망을 정당화 하지 말라

사랑한다면
그 사람을 편안하게 해 주라

사랑은 욕심이 아닙니다

사랑은
사람을 가장 지혜롭게 하지만
가장 어리석게도 합니다

사랑은
사람을 가장 기쁘게 하지만
가장 괴롭게도 합니다

사랑은
사람을 가장 아름답게 하지만
가장 추하게도 합니다

사랑은
영원하지만
사람은 변덕스럽습니다

눈을 감고
고요한 마음으로
사랑을 지켜봅시다

사랑은
나를 위할 땐 무너지지만
당신을 위할 땐 완전합니다

사랑은 욕심이 아닙니다

1·2·3

1.
이상합니다
인간의 감정은 끊임 없이
사랑하려 합니다
허나 돌이켜 보아야만 합니다
끊임없는 외롬이 사랑의 명목을 빌어
욕망으로 꿈틀대는 것일 수도 있기 때문에

2.
아무리 하찮은 감정도
미움의 감정까지도
결국엔 사랑의 파도를
타지 않을 수 없습니다
사랑은 모든 것을
영원까지 날라다 주는 까닭입니다

3.
외롬의 나무가 무성하여라
거기 욕망의 불꽃을 놓으면
아, 사랑은 연기되어 사라지리라!
그러나 거기 신성의 톱질이 닿으면
아, 사랑은 우리가 안식할 수 있는
아름답고도 영원한 집이 되리라!

사랑과 집착

집착없이
사랑할 수는 없을까?
허나 어쩌리
사랑은 이미 어마어마한
집착을 뜻하는 단어인 것을
그래서 옛적의 성현께선
사랑을 버리라 하셨던가!

모든 사랑이 괴로운 것은
모든 사랑이 집착인 까닭이며
사랑이 진리인 것은
사랑이 자유인 까닭이네

아아, 집착은 버릴 수 있을지라도
사랑은 버릴 수 없는 것을

진정 행복한 것

사랑은 때로 괴롭지만
진정 행복한 것입니다

그것은 때로 구속하지만
참으로 자유로운 것이지요

또한 때로 방황하지만
실로 편안한 거랍니다

행복한 듯 진정 괴롭다면
그건 그릇된 사랑입니다

서로가 얽매이기만 한다면
단호히 풀어버려야 합니다

종착점 없이 헤매인다면
그대는 변명의 여지가 없습니다

사랑은 때로 괴로운 듯 하지만
진실로 행복하기 때문입니다

함께 한다는 것은

서로 아름다울 수 있도록 사랑하자
가슴 아파도 아름다울 수 있도록 사랑하자
서로에게 짐이 되지 않도록 하자

사랑은 슬픈게 아니라 조금 힘들 뿐이고
때로 많이 아프지만 아픔조차 아름다운 것이
사랑인 것을 감사할 수 있도록 하자

서로 영원히 함께 할 수 없어도
아픈 가슴 속에 사랑을 간직할 수 있어서
행복하다고 속삭이자

함께 한다는 것은
내가 너를, 너는 나를 기억하는 것임을
잊지 않도록 하자

사랑하는 이와 함께 한다는 것은
언제나 아름답게 그를 떠올릴 수 있는 것이며
아픔이란, 소중한 순간을 위한 것이었음을

삶의 조명이 다 꺼지기 전에

당신은 기분이 좋을 때 나를 보고 싶다고 했지만
나는 당신의 기분이 가장 아닐 때 당신 옆에 있고 싶습니다
당신이 홀로 걸으며 울었다고 했을 때
나는 당신에게 무언가 큰 잘못을 한 것처럼 느낍니다
힘들 때 선뜻 당신이 나를 찾지 않는 것은
내가 당신에게 그리 편한 사람이 아닌가 싶어
마음 허전합니다
인생은 자기를 찾는 것입니다
그리고 우리는 사랑을 통해서 자기를 찾습니다
그리고 사랑은 아주 많은 모습을 하고 있습니다
어떤 모습으로든 나는 당신에게 사랑을 건네고 싶습니다
어떤 상황이든 나는 당신에게 정다운 친구이고 싶습니다
당신이 홀로 있고 싶어할 때조차
약간의 거리를 두고 당신을 지키고 싶습니다
인생은 조만간 막을 내립니다
삶의 조명이 다 꺼지기 전에 어떤 모습으로든
나 당신에게 다가가려합니다
그런 나를 맞는 당신은 아무런 준비도 하지 마세요
그저 당신인 채로 거기 있기만 하세요
나 당신을 위해 노래 부르는 것을 막지만 마세요
언제든 나 당신을 위해 노래 부르는 사람이게 하세요
그렇게만 해 주세요

별

우리의 머리 위로
사랑의 별이 빛나고 있습니다
그 별에 대하여
어떤 이는 말합니다
"아무리 애써도 저 별은
나의 손끝에도 닿지가 않아
사랑은 고통이며
외로움을 더해줄 뿐이야"
또 어떤 이는 이렇게 말합니다
" 저 별은 나를 감동케 했어
아름다운 사랑의 빛이 항상
내 가슴을 환히 밝히는 때문이지
사랑은 기쁨이며 감사한 일이야"

사랑은, 소유하려는 이에게는 고통일 뿐
결코 기쁨일 수 없습니다
사랑은 정말 아름답지만 그 아름다움은
사랑 그 자체인 것입니다
그러므로, 삶의 기쁨을 구하면서
사랑을 소유하려 한다면
그는 신음 속에서 살아갈 것입니다
현명한 사람이라면
사랑의 감동을 가슴에 간직하면서
그 느낌을 또렷이 인식할 것입니다
하여, 더 바랄 것 없는 감사와
감사한 마음을 흐트리지 않는 기도에
차분히 젖어들 것입니다

거목

죽음이
먼 것 같아도 내 몸 속에 있고
이별이
안 올 것 같아도 가까이 와 있다
사랑도 좋지만
그 사랑이 영원할 수 없다면 이별 앞에
울게 되고
삶이 행복하여도
그 행복이 완전하지 못하면 죽음 앞에
끌려가는 것일 뿐

그 어떤 사랑일지라도
그 어떤 행복일지라도
고독한 외로움을 지울 수 없나니
문득, 형언할 수 없는 허무가 밀려와
헤어날 수 없을 것만 같은 미로에 빠진다

처음으로
자신이 미로 속에 있음을 깨달을 때
처음으로
자신이 길 잃은 아이라는 것을 알았을 때
처음으로
사랑과 행복이 허무와 절망의 원인임을 볼 때
자신도 모르게
눈을 감고 다른 눈으로 세상을 보리라

내 몸이 죽음의 원인이고
만남이 이별의 원인이기에
덧없는 세상사를 초연히 바라보게 되리라
이별도
죽음도
허무한 아픔도
더는 가슴을 울릴 수 없으리라
초연히 바라보는 그는
영원의 품 속에 있으므로
대지의 초연함에 뿌리 박은 거목이
어떤 비바람에도 쓰러짐이 없는 것처럼

확 신

사랑한다는 것은
외로이 서는 것입니다
외로움을 거뜬히 감당하지 못하고서
사랑하는 사람을 받쳐줄 수 없는 까닭입니다
때문에 나의 사랑은
가장 슬픈 것인지도 힘든 것인지도 모릅니다
허지만 누가 뭐래도
나는 스스로 가장 행복하다는 것을
잘 알고 있습니다
이것이 내 삶의 확신입니다

잔 치

태어남은 기쁨의 잔치
죽음은 슬픔의 잔치
삶은 우울과 방황의 잔치

그러나, 당신과 내겐
사랑의 잔치가 있어
모든 허무를 뛰어 넘네

오빠와 여동생

오빠는 의젓해졌고
동생도 많이 컸어요!

무스 바른 오빠

초가 머리 오빠

귀여운 소녀가

예쁜 언니로 컸어요.

통통한 얼굴,
초롱한 눈

헤어스타일을 바꿨어요.

너, 누구 아들이니?

조금 더 컸네요.

꾸러기 형제

아빠가 저 낳았어요?

앞서가는 헤어스타일!

이마가 예쁜 언니

순진소녀가

성숙 아가씨로

실컷 놀다가
곤히 잠든 형제

쌍둥이 형제

어! 동생이 생겼네!!

형, 나랑 놀아줘!

어! 남동생 생겼네!!

누나 미워!

너 머리카락에
뭐 묻혔구나

이제 됐다

내 동생 귀엽죠?

연밭에 놀러간 남매

오빠야 놀아 줘

오빠, 어디 갔다 와?

우리 아들 이쁘죠?

오늘이 돌이예요.

묵연 스님의 시화집 6

아름 없이 살다 가도 행복한
들꽃의 고독을 배우고 싶다

초판 인쇄 - 2007년 11월 25일
초판 발행 - 2007년 11월 30일

엮은이 | 묵연 스님
펴낸곳 | 空
펴낸이 | 문지인

등록번호 | 제 320-2004-47
등록일자 | 2004년 8월 13일

주소 | 경남 김해시 서상동 303-3
전화 | 055-325-1050
핸드폰 | 010-4668-5389
팩스 | 055-325-1050
이메일 | 02fax@hanmail.net

북디자인 | 空 이한기
인쇄 | 영광정밀인쇄사

값 | 10,000원

ISBN 978-89-956522-5-1

※ 이 책자의 저작권은 묵연스님에게 있습니다.
　본문 작품을 사용하시려면 작가와 상의해야 합니다.